서울대 교수가 알려 주는
신기한
시력 운동

서울대 교수가 알려 주는
신기한 시력 운동

1판 1쇄 인쇄 2021년 1월 15일
1판 1쇄 발행 2021년 1월 25일

글쓴이 신완균 | 그린이 한날
발행인 오영진 김진갑 | 발행처 제제의숲
기획편집 이희자 | 디자인 디자인페이퍼민트 | 마케팅 박시현 신하은 박준서 김예은 | 경영지원 이혜선
출판등록 2013년 1월 25일 제2013-000028호
주소 서울시 마포구 월드컵북로5가길 12 서교빌딩 2층 전화 02-332-3310 팩스 02-332-7741
블로그 blog.naver.com/midnightbookstore
페이스북 www.facebook.com/tornadobook
ISBN 979-11-5873-192-2 73510

제제의숲은 ㈜심야책방의 자회사입니다.
이 책은 저작권법에 따라 보호를 받는 저작물이므로 무단전재와 무단복제를 금하며,
이 책 내용의 전부 또는 일부를 사용하려면 반드시 저작권자와 제제의숲의 서면 동의를 받아야 합니다.

잘못되거나 파손된 책은 구입하신 서점에서 교환해 드립니다.
맞춤법과 띄어쓰기는 국립국어원의 기준에 따랐습니다.
책 모서리가 날카로워 다칠 수 있으니 사람을 향해 던지거나 떨어뜨리지 마십시오.
종이에 베이지 않게 주의하세요.
책값은 뒤표지에 있습니다.

서울대 교수가 알려 주는
신기한 시력 운동

시력 회복 연구소 소장, 서울대 명예 교수 신완균 글
한날 그림

제제의숲

머리말

게임과 퍼즐 같은 시력 운동으로 타조처럼 좋은 시력을!

눈은 우리 몸에서 가장 중요하다고 할 수 있는 신체 부분입니다. 뇌 신경 세포의 40퍼센트는 눈과 연결되며, 눈과 뇌의 연결 통로인 신경절 세포가 무려 297개나 됩니다. 또 외부 정보의 80퍼센트는 눈으로 들어와 뇌로 전달되어 인식합니다. 즉 눈은 작은 두뇌이고, 좋은 시력은 두뇌를 계발시켜 두뇌의 능력을 향상시킵니다. 또한 눈이 피곤해지면 두뇌도 피곤해지고, 눈이 나빠지면 두뇌도 나빠질 수 있다는 걸 의미하지요.

시력이 25인 타조는 20킬로미터 앞까지 볼 수 있어 맹수로부터 자신을 지키는 데 무척 유리합니다. 타조가 이렇게 시력이 좋은 이유는 생존을 위해서이지요. 타조는 공룡의 후예로, 새이지만 날 수 없습니다. 몸집도 크고, 힘도 센 데다, 달리기도 빠르지만, 육식 동물로부터 살아남기 위해 무엇보다 필요한 것은 공격하려는 동물을 빨리 알아보는 것이기 때문에 시력이 발달했습니다.

이 책에 있는 게임이나 퍼즐 같은 시력 운동, 눈 근육 운동 등은 시력이 좋은 타조를 연구해 만들었습니다. 모든 운동과 마찬가지로 시력 회복 운동도 꾸준히 해야 하기 때문에 지루하지 않게, 언제라도 재미있게 할 수 있도록 시력 운동에 게임과 퍼즐 형식을 도입했지요.

　이러한 시력 운동으로 어른도 눈이 좋아지게 할 수 있지만, 어릴 때 시력 운동을 하는 것이 눈과 두뇌 계발에 가장 좋습니다. 특히 우리나라는 세계 어느 나라보다 어릴 때부터 근시가 많아 약 58퍼센트가 안경(콘택트렌즈 포함)을 쓰고 있다고 합니다. 특히 최근 통계 자료에서는 청소년 10명 중 8명이 근시인 것으로 나와 있습니다.

　시력 회복 연구소는 다양한 시력 회복 운동으로 안경을 써야 할 정도로 눈이 나빠지기 전에, 또는 안경을 썼더라도 더 이상 눈이 나빠지지 않고, 자연적으로 조금씩 시력이 좋아지도록 하는 것을 목적으로 여러 가지 방법을 연구했습니다. 이 책을 따라 긴장된 눈의 근육을 풀고, 수분을 공급하고, 눈의 혈액 순환을 원활하게 하면 어린이 여러분의 시력을 충분히 본래의 좋은 시력으로 회복시킬 수 있습니다! 시력 향상은 저절로 두뇌도 함께 발달시킨다는 사실! 명심하세요!

시력 회복 연구소 소장
신완균

차례

1장 좋은 시력을 위해 알아 두어야 할 것

시력은 왜 중요해? · 10

사물을 보는 눈의 구조 · 12

눈과 뇌의 관계 · 14

시력 유지 포인트 · 16

눈에 좋은 환경과 습관 · 18

시력왕 타조만큼 시력이 좋아지면 얼마나 좋을까? · 20

2장

눈이 좋아지는 시력 운동
기초편

1. 먼 곳과 가까운 곳 번갈아 보기 • 24
2. 선 따라가기 • 32
3. 순서대로 따라가기 • 38
4. 미로 탈출하기 • 44
5. 낱말 찾기 • 53
6. 도형 찾기 • 59
7. 지정하는 것 찾기 • 65
8. 다른 그림 찾기 • 73
9. 조건에 맞는 것 찾기 • 81
10. 숨어 있는 것 찾기 • 89

3장

눈이 좋아지는 시력 운동
실천편

1. 88 운동 • 100
2. 화살 운동 • 102
3. 십자 운동 • 104
4. 눈 깜빡이기 • 106
5. 눈과 콧등 사이 마사지 • 107

이 책의 사용 방법

좋은 시력을 위해 알아 두어야 할 것

1장에서는 오래도록 좋은 시력을 유지하기 위해, 나빠진 시력을 회복하기 위해 알아 두어야 할 것들을 간단하게 정리했어요. 건강한 눈이 왜 중요한지, 사물을 보는 눈의 구조와 두뇌와의 관계 등을 찬찬히 살펴보면서 시력 향상 방법을 설명합니다. 2, 3장에 있는 시력 운동에 도전하기 전에 반드시 읽어 주세요.

눈이 좋아지는 시력 운동 – 기초편

마치 게임이나 퍼즐처럼 보이는 눈의 근육과 초점 조절 운동이에요. 단순하면서도 게임처럼 재미있게 즐기며 할 수 있으면서도 시력 회복에 도움이 되는 것들을 선별했습니다.

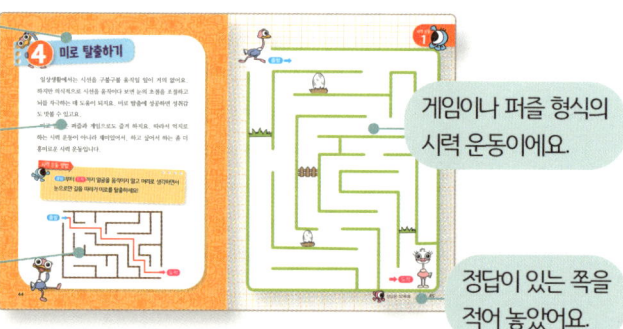

- 시력 운동 이름이에요.
- 시력 운동의 효과와 운동 방법 설명이에요.
- 시력 운동 방법을 예를 들어 보여 줘요.
- 게임이나 퍼즐 형식의 시력 운동이에요.
- 정답이 있는 쪽을 적어 놓았어요.

눈이 좋아지는 시력 운동 – 실천편

88 운동, 화살 운동, 십자 운동 등의 '눈 근육 운동'이에요. 매일 하루 5분, 반복해서 운동하면 시력이 점점 좋아질 거예요. 또 각막에 수분을 유지시켜 주는 운동과 마사지도 많은 도움이 되지요.

시력은 왜 중요해?

평생 써야 하는 소중한 눈, 시력으로 모든 것이 달라진다!

　인터넷과 휴대 전화를 들여다보는 게 일상인 요즘에는 눈이 나빠지는 경우가 아주 많아요. 혼자 책상에 앉아 공부할 때는 잘 모를 수도 있지만, 같은 공간에서 같은 거리에 있는 것을 여러 사람과 함께 봐야 할 때는 시력의 중요성이 특히 두드러져요.

　학교에서도 선생님이 말씀하시는 내용을 잘못 들었더라도 칠판에 쓰인 글자를 보고 제대로 된 정보를 파악할 수 있습니다. 예를 들어, 선생님이 칠판에 '가통'이라고 쓰고, '가통을 확인하세요.'라고 말씀하셨는데, 그것을 '카톡을 확인하세요.'라고 잘못 들었다고 칩시다. 시력이 좋은 친구는 '카톡'이라고 잘못 들었어도, 칠판에 쓰인 '가통'이라는 글자를 보고 내용을 제대로 이해했을 거예요. 하지만 시력이 좋지 않은 친구들은 잘 안 보이니 그냥 들었던 내용 그대로 잘못 이해한 채 오지 않는 카톡을 기다리며, 가정통신문은 확인하지 않을지도 몰라요.

 이런 상황은 하나의 사례일 뿐이지만, 좋은 시력은 이런 상황뿐 아니라, 일상생활 속 여러 가지 행동에 알게 모르게 영향을 미친답니다.

 주로 시력이 좋지 않은 사람은 인사를 잘하지 않는다는 말을 많이 듣곤 하지요. 다가오는 사람을 잘 알아보지 못하기 때문에 모르는 사람인 줄 알고 그냥 지나쳐 버리기 때문이에요. 아주 작은 부분이지만, 이런 일들이 모여 그 아이나 친구에 대한 평판이 잘못 쌓이기도 해요.

 따라서 좋은 시력을 지키고, 더 좋아지게 하는 일은 생각보다 무척 중요한 일이랍니다. 그러면 먼저 눈의 구조와 각 기관이 하는 일에 대해 간단하게 알아볼까요?

사물을 보는 눈의 구조

눈의 구조를 알고 시력 회복 운동을!

각막
홍채와 동공을 보호하는
눈 앞쪽의 투명한 막이에요.
안구를 보호하고 축축한 상태를 유지해
빛을 일정하게 통과시키고 굴절시켜요.

동공
홍채 가운데에 있는
둥근 모양의 빈 공간이지요.
빛을 받아들일 때 너무 환하면
빛이 덜 들어오게 작아지고,
너무 어두우면 빛이
많이 들어오게 커져요.

홍채
납작한 도넛 모양으로,
각막과 수정체 사이에 있는 막이지요.
빛이 들어오는 동공의 크기를 조절해
눈에 들어오는 빛의 양을 조절해요.
홍채의 색에 따라
눈동자 색이 달라져요.

모양체
초점을 맞추는 근육이 있어, 빛을 받은 수정체의 두께를 조절해요.

수정체
볼록 렌즈 모양으로, 눈 안의 앞부분에 있어요. 빛을 모으고, 두께를 변화시켜 멀리 있는 물체와 가까이 있는 물체의 초점이 망막에 정확하게 맺히도록 조절하지요.

망막
눈으로 본 사물의 모습이 맺히는 눈 가장 안쪽의 투명한 신경 조직으로, 시세포가 가장 많이 있어요. 두께 0.5밀리미터의 얇고 투명한 열 겹 구조의 막이에요. 영화관의 스크린, 사진기의 필름과 같은 역할을 해요.

유리체
달걀 흰자보다 조금 단단한 말랑말랑하고 투명한 젤리 같은 물질로 눈 안쪽 공간을 채우면서 눈 모양을 유지해요.

시신경
망막의 빛에 대한 정보(시각 정보)를 전기적 정보로 바꿔 뇌로 전달하는 신경이에요.

눈과 뇌의 관계

시력이 좋아지면 두뇌도 계발돼!

우리가 알게 되는 정보의 80퍼센트는 눈으로 보고 아는 것이지요. 눈은 뇌 신경 세포의 40퍼센트가 연결되어 있거든요. 눈과 뇌를 연결하는 통로인 신경절 세포 297개가 새로 알려졌고, 훨씬 더 많을 수도 있어요. 그러니까 눈으로 받아들이는 정보가 많으면 두뇌 활동이 늘고, 눈으로 받아들이는 정보가 적어지면 그만큼 두뇌 활동이 줄어들어요.

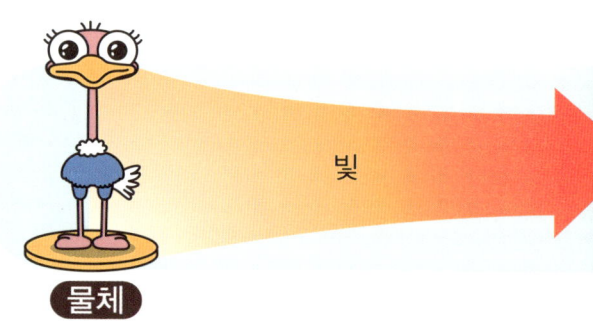

미국 미시간대학교 연구진이 미국에 사는 노인 625명의 의료 기록을 10년 동안 분석한 결과, 시력을 관리한 노인이 그렇지 않은 노인에 비해 치매를 겪을 확률이 64퍼센트 적었다고 해요. 눈이 좋아지는 건 뇌 발달에도 많은 영향을 끼친다고 볼 수 있지요. 따라서 눈을 많이 쓰기 시작하는 초등학생 때부터 시력 회복 운동을 하면 눈이 좋아질 뿐만 아니라 자연스럽게 뇌 발달 운동도 하는 셈이랍니다.

  구부구불 의식적으로 시선을 옮기는 일은 일상생활에서는 좀처럼 하지 않는 일이지요. 그래서 의식적으로 시선을 옮기고, 눈의 초점을 조절하는 일은 뇌를 자극해요. 눈에서 받아들인 시각적인 자료를 뇌에서 파악하기 위해 일정 시간 동안 뇌는 일을 하고, 뇌세포를 발달시켜요. 이런 것을 반복적으로 하면 뇌는 일을 더 효율적으로 하기 위해 이미 적응한 뇌세포는 발달시키고, 필요에 의해 뇌세포를 더 만들기도 해요.

  결국 우리가 하는 좋은 시력을 위한 운동은 눈을 좋아지게 하기도 하지만, 동시에 뇌를 자극하고 발달시키는 운동이기도 하답니다.

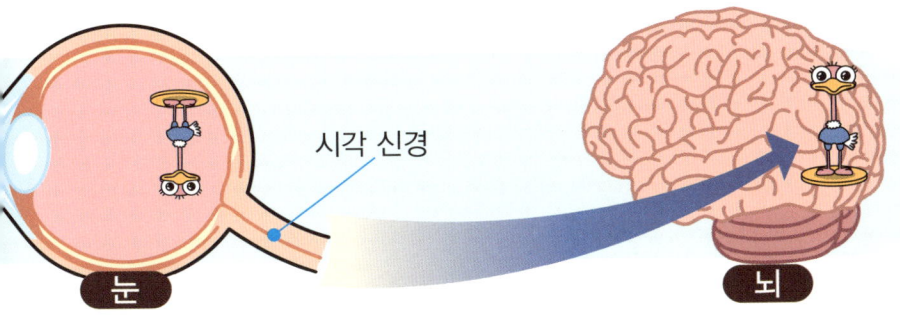

시력 유지 포인트

포인트만 제대로 알면 더 이상 눈이 나빠지지 않지!

기본적으로 우리 눈은 자극이 많을수록 피로가 쌓여 시력이 나빠져요. 가능한 자극을 주지 않는 것이 가장 좋지만, 요즘의 우리 생활에서 눈에 자극을 주지 않기는 쉽지 않아요. 이때 세 가지 포인트를 기억하고 관리해 주면 좋답니다.

1. 눈의 수분 지키기

우리 눈은 눈물로 눈의 수분을 일정하게 유지해요. 눈물은 눈꺼풀을 깜빡일 때 만들어져서 마치 유리창을 닦듯이 각막을 닦아 주고, 세균을 막거나, 눈을 청소해 주는 일을 하지요. 눈에 수분이 부족하면 여러 가지 눈 질환이 생길 수 있어요. 눈의 수분을 지키기 위해 3장 실천편에 나오는 각막 수분 유지 운동을 해 보세요!

2. 푸른빛 차단하기

빛이 있어야 우리가 눈으로 사물을 볼 수 있지만, 너무 많은 양의 빛은 오히려 망막, 특히 황반에 상처를 줄 수 있어요. 특히 전자 기기에서 나오는 푸른빛은 빛의 파장이 짧고 투과성이 크기 때문에 눈을 더 많이 자극하고, 오랫동안 본다면 망막에 큰 상처가 생길 수 있답니다. 망막은 한 번 상처를 입으면 회복되지 않는데, 황산화 물질을 공급해 주는 영양소인 항산화제를 먹는 것도 눈 건강에 도움을 줍니다. 대표적인 항산화제 물질은 루테인, 아스타잔틴, 제아잔틴, 아연, 비타민 C와 비타민 E예요.

3. 혈류량 개선하기

눈에는 신경 세포가 많이 모여 있어요. 그래서 모세 혈관도 많고, 각 혈관으로 피가 원활하게 흘러야 하지요. 혈관에 피가 일정하고 원활하게 흐르도록 잘 조절하려면 영양소가 잘 공급되어야 해요. 밥을 먹어야 기운이 나고 공부를 할 수 있는 것처럼요. 눈에 좋은 영양소가 들어 있는 음식은 시금치, 당근, 블루베리, 연어 등이에요. 눈의 혈류가 원활해지면 충분한 산소가 눈에 공급되어 훨씬 밝은 눈이 된답니다. 3장 실천편에 나오는 혈류량 증가 마사지도 해 보세요!

눈에 좋은 환경과 습관

건강한 눈을 위한 생활 수칙 네 가지!

우리가 일상생활을 하는 환경도 신경 써 주면 더욱 눈 건강에 좋답니다.

18도
실내 온도 섭씨 18도, 습도 60퍼센트 유지

실내 온도를 섭씨 18도 정도로 유지하거나 가습기를 사용해 습도를 60퍼센트 정도로 맞춰 주면 눈물이 마르는 것을 줄여 주어 눈이 건조한 증상이 나타나는 '안구 건조증'을 예방할 수 있어요.

2. 책은 30~40센티미터, 텔레비전은 2.5미터 이상 떨어져서 보기

가까운 곳을 계속 응시하면 눈의 수정체가 두꺼워져 먼 데 있는 것이 잘 보이지 않는 근시가 생겨요. 집에서도 최대한 멀리 보는 연습을 해서 눈이 피로해지지 않으면서도 사물을 보는 습관을 만들어 보세요.

3. 실내 활동 시 조명을 밝게 유지

눈이 바라보는 것과 주위 환경의 밝기 차이가 많이 나면 눈이 쉽게 피로해져요. 보통 우리가 보는 텔레비전 화면이나 휴대 전화 화면은 밝은데, 주변이 어두운 경우가 많아요. 이런 때 주변을 밝게 해 눈의 피로감을 덜어 주세요.

4. 충분한 야외 활동 즐기기

햇빛을 충분히 쐬면 비타민 D를 만들고, 신경 전달 물질인 도파민을 분비해 근시 진행을 억제해 줘요. 그러므로 기회가 있을 때마다 야외 활동을 하면서 건강한 눈을 만들어 보세요.

시력왕 타조만큼 시력이 좋아지면 얼마나 좋을까?

타조 같은 생활 습관 운동으로 눈이 좋아지게 하자!

보통 사람들의 평균 시력은 1.0~1.2 정도예요. 전 세계에서 가장 눈이 좋은 사람들을 살펴보면 몽골 유목민 3.0, 티베트 유목민 4.0, 이탈리아 시칠리아 어부 5.0, 태국 모겐족이 8.0 정도라고 해요. 주로 넓은 초원이나 바다에서 살며 멀리 보는 생활 습관이 형성된 사람들이지요.

티베트 유목민
시력 4.0
가시거리 7km

몽골 유목민
시력 3.0
가시거리 7km

이탈리아 시칠리아 어부
시력 5.0
가시거리 7km

태국 모겐족
시력 8.0

❶ 타조	❷ 매	❸ 독수리	❹ 갈매기
시력 25.0	시력 9.0	시력 5.0	시력 5.0
가시거리 20km	가시거리 10km	가시거리 7~10km	가시거리 7~10km

  땅에 사는 동물 가운데에서 시력이 가장 좋은 동물은 바로 '타조'예요. 타조의 시력은 약 25 정도라고 하는데, 보통 사람 중 눈이 좋은 사람의 시력을 2.0 정도라고 보면 타조의 시력은 보통 사람 시력의 10배도 훨씬 넘지요. 앞서 말한 전 세계에서 가장 눈이 좋다는 태국 모겐족 시력의 3배가 넘고요. 시력이 25라면 5킬로미터 밖에 있는 자동차의 차 번호도 알아볼 수 있는 정도랍니다.

  타조가 이렇게 시력이 좋은 이유는 무엇일까요? 타조는 날지 못하기 때문에 위협을 가하는 동물로부터 재빨리 피하기 위해 먼 곳을 항상 응시하기 때문이라고 합니다.

  동물 중 최고의 시력을 가진 시력왕 타조만큼 시력이 좋아진다면 얼마나 좋을까요?

시력왕 **타조만큼** **시력**이 좋아지면 얼마나 **좋을까?**

  시력이 좋은 동물 타조와 시력이 좋은 사람들의 공통점은 먼 곳을 응시해서 눈의 초점을 맞추고 멀리 보는 생활 습관을 가졌다는 것을 알 수 있어요.

  이 책에 나오는 시력 운동 퍼즐과 게임은 이런 습관을 기를 수 있도록 고안된 것입니다. 눈 근육 운동도 마찬가지이고요. 게다가 신나서 재미있게 할 수 있도록 게임과 퍼즐 형식으로 구성했어요.

  시력도 좋아지게 한다는데, 재미까지 있다니! 어디 눈이 좋아지는 시력 운동에 도전해 볼까요?

 먼 곳과 가까운 곳 번갈아 보기

그림에서의 먼 곳과 가까운 곳을 번갈아 가며 보는 운동이에요. 먼저 3초씩 열 번 반복해서 보세요. 멀고 가까운 거리에 대한 느낌이 드는 사진을 번갈아 보면 초점을 조절하는 모양체 근육이 자극되거든요.

시력 운동 방법

먼 곳과 가까운 곳을 번갈아 보세요. 두 타조가 각각 먼 곳과 가까운 곳에 있으니 두 타조를 번갈아 보면 돼요. 3초씩 열 번 반복해서 보세요.

멍하게 이런 원근감 있는 사진을 바라보면 눈 근육의 긴장이 풀어지면서 눈의 피로가 풀려요. 10초씩 세 번 반복해서 보면 이런 효과를 볼 수 있지요. 앞서 봤던 사진을 이 방법으로 다시 한 번 더 보세요.

시력 운동 방법

먼 곳과 가까운 곳을 번갈아 보세요. 두 타조가 각각 먼 곳과 가까운 곳에 있으니 두 타조를 번갈아 보면 돼요. 10초씩 세 번 반복해서 보세요.

시력 운동 3

2 선 따라가기

선을 따라 시선을 옮기는 일은 시력뿐만 아니라 글줄을 읽는 독서 능력이나 집중력 향상에 도움이 돼요. 처음에는 자연스럽게 선을 따라 시선을 옮기다가 익숙해지면 속도를 올려 점점 빠르게 왔다 갔다 하는 운동을 하면 됩니다.

시력 운동 방법

출발 부터 도착 까지 얼굴을 움직이지 않고 눈으로만 선을 따라가세요! 도착 까지 갔다면 다시 출발 까지 가 보세요. 왔다 갔다 할 때마다 점점 속도를 올려서 연습해 보세요.

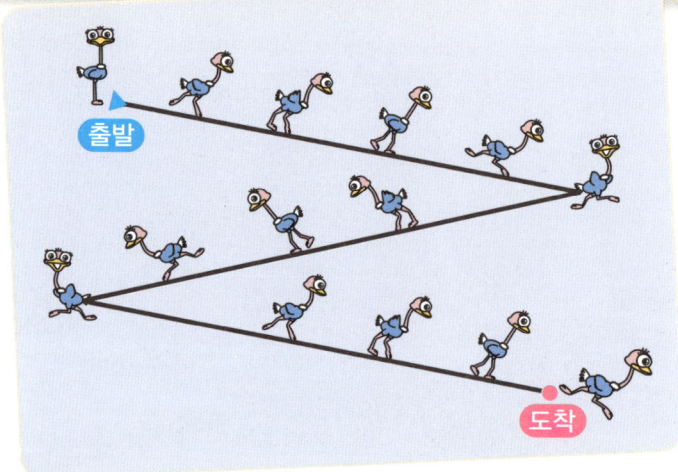

3 순서대로 따라가기

　시선을 이리저리 움직이면서 그때마다 초점을 맞추어야 하기 때문에 눈의 초점 조절을 담당하는 모양체 근육을 단련시킬 수 있어요.
　또 1부터 30까지의 숫자나, 한글 자음, 알파벳 등이 여기저기 흩어져 있는데, 그 순서대로 눈동자를 움직이는 일은 시각뿐 아니라 지각 능력도 필요하기 때문에 두뇌 운동도 자연스럽게 같이할 수 있지요.

시력 운동 방법

얼굴은 움직이지 말고, 눈동자만 움직여서 차례대로 숫자를 따라가 보세요. 순서대로 따라갈 수 있는 게 두 종류라면 두 가지 모두 해 보세요.

1		15		8
16	20		2	19
18		7		14
	6	9	3	10
		17		5
11		4	12	13

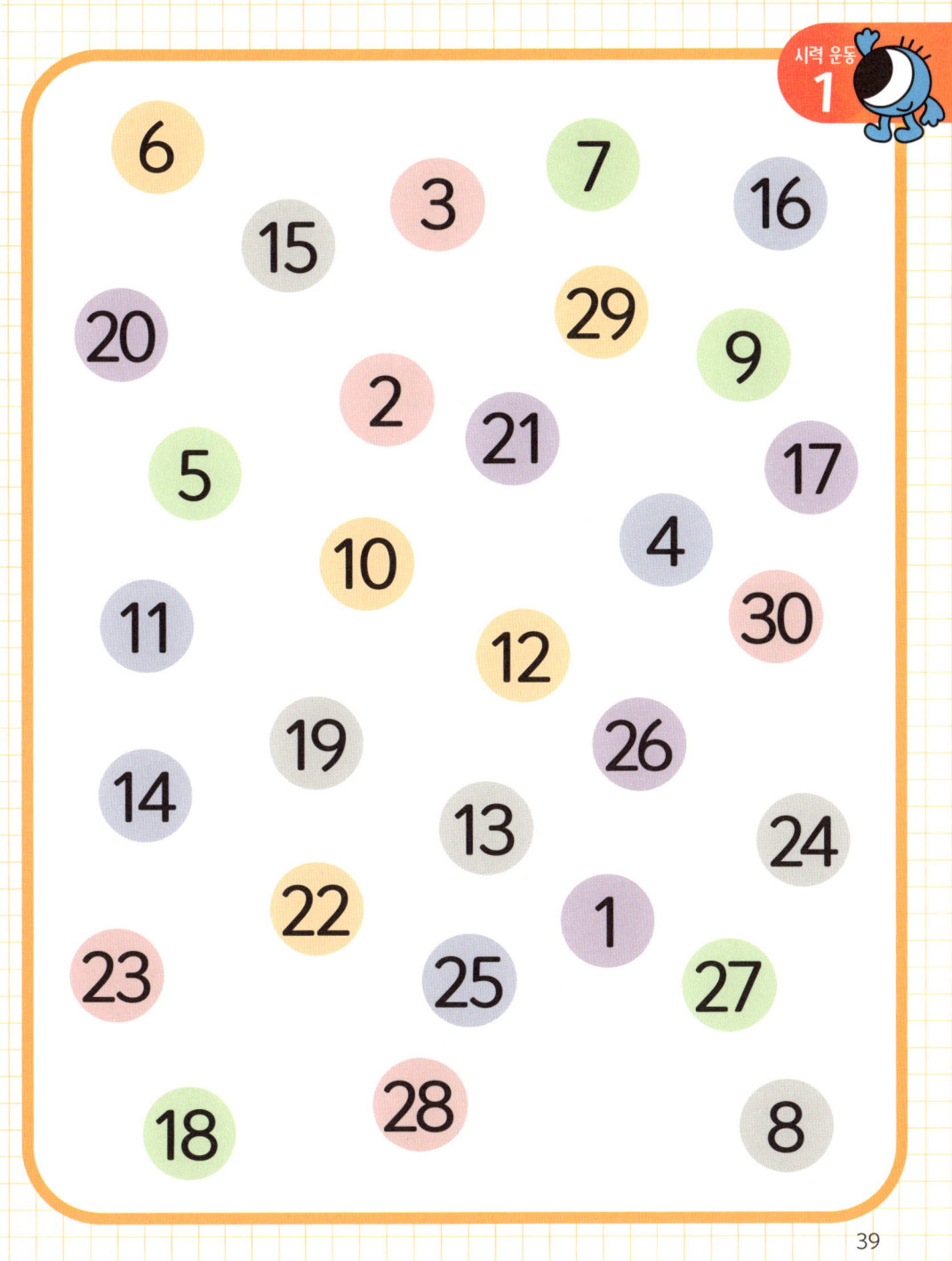

시력 운동 4

가나다, 알파벳 대문자 두 가지 모두 순서대로 따라가 보세요.

Q 바 Y 가
아 I M 카 C
F B 다 Z
S 마 X 나
O P 라 하

4 미로 탈출하기

일상생활에서는 시선을 구불구불 움직일 일이 거의 없어요. 하지만 의식적으로 시선을 움직이다 보면 눈의 초점을 조절하고 뇌를 자극하는 데 도움이 되지요. 미로 탈출에 성공하면 성취감도 맛볼 수 있고요.

미로 탈출은 평소 게임으로도 즐겨 하지요. 따라서 억지로 하는 시력 운동이 아니라 재미있어서, 하고 싶어서 하는 좀 더 흥미로운 시력 운동입니다.

시력 운동 방법

출발 부터 도착 까지 얼굴을 움직이지 말고 머리로 생각하면서 눈으로만 길을 따라가 미로를 탈출하세요!

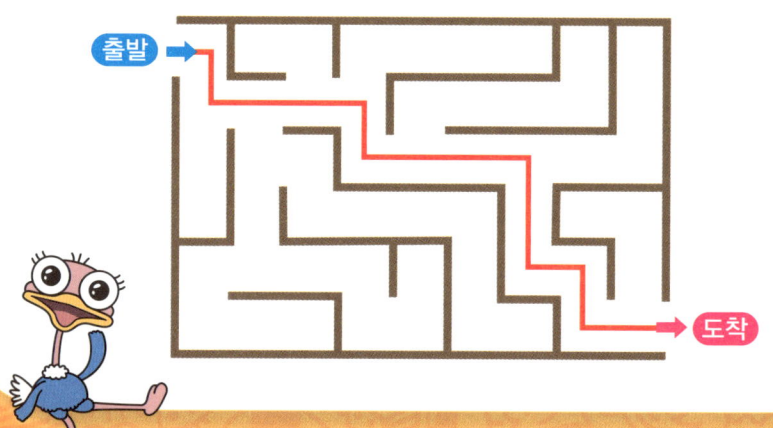

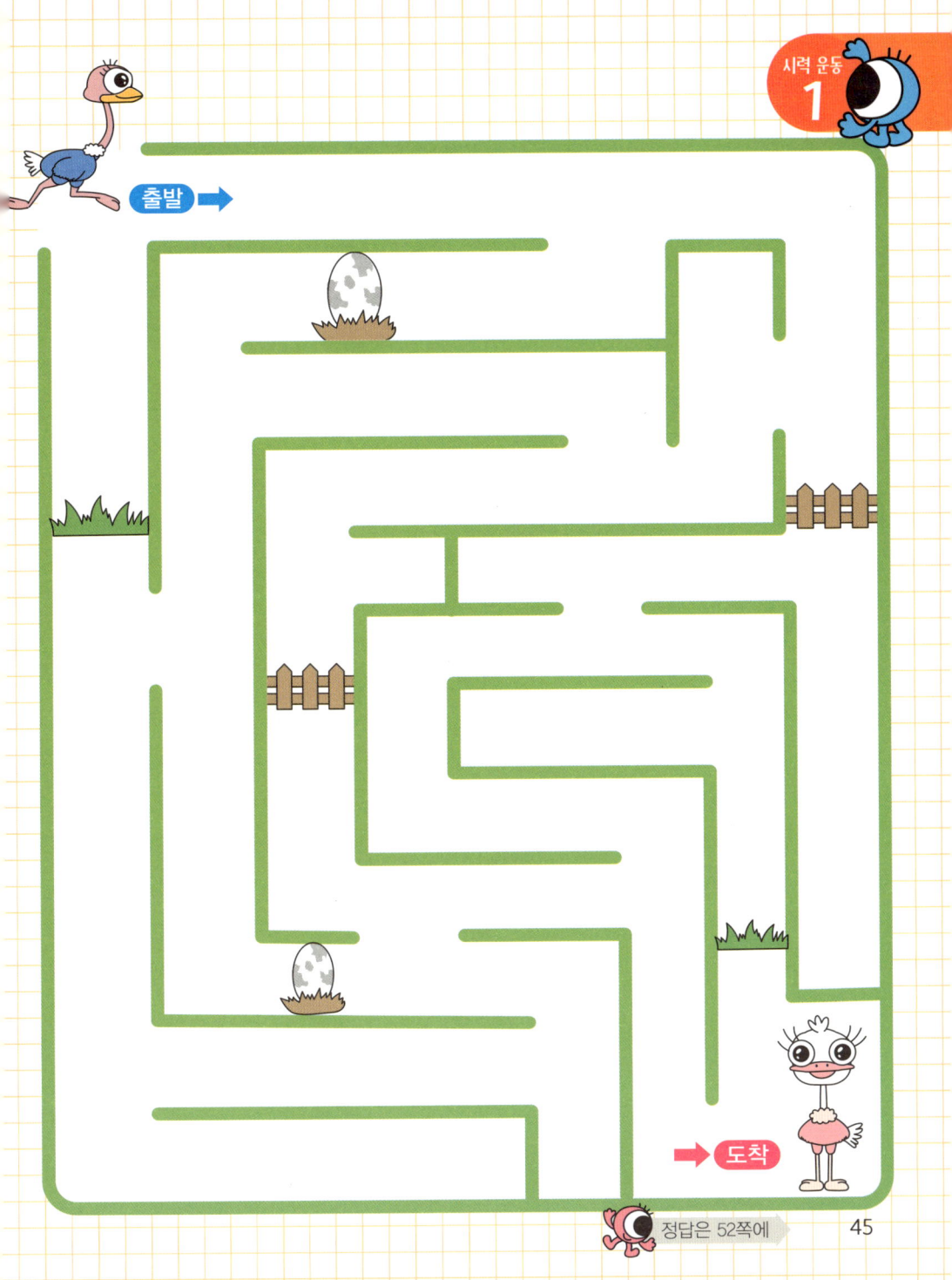

4 정답

45쪽
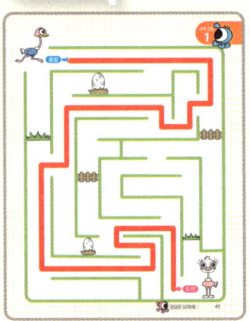

46~47쪽
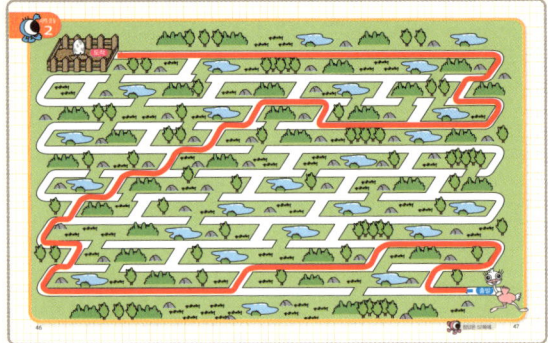

48~49쪽

50~51쪽
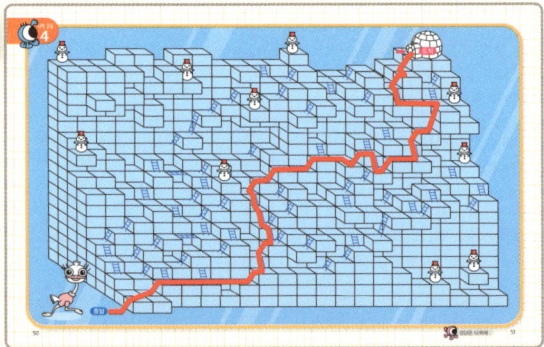

5 낱말 찾기

많은 낱자들 속에서 지정된 하나의 낱말을 찾으려면 글자를 집중해서 훑어봐야 해요. 따라서 집중력과 인식 능력을 키울 수 있지요. 특히 하나의 낱말뿐 아니라 여러 낱말을 각자 인식해서 연결 지어야 하기 때문에 뇌를 더욱 활성화시켜요.

또 하나하나 집중해서 살펴보는 일은 안구 안팎으로 근육을 늘였다 폈다 하기 때문에 눈 안마와 같은 효과를 볼 수 있고, 눈동자를 굴리며 눈 근육을 단련시킨답니다.

시력 운동 방법

흩어져 있는 낱자 속에서 '영화'를 찾아보세요! 칸이 있을 때는 떨어져 있으면 안 되고 이어져 있는 낱말을 찾아야 해요.

영화

풍	여	사	타	아	무	사	기	터	타
	타	방	아	탕	화	모	나		
	탄	자	조	라	카	성	작	사	
	나	모	타	무	방	타	가		
	카	랑	조	터	아	자	차		
	타	나	우	이	사	터	주		
	라	조	주	방	나	무	피	마	
	무	카	타	자	조	타	아		
	저	가	영	사	타	하	탸	기	모	우

● 제시한 낱말을 여러 개 찾아보세요.

카메라

카 다 마 나 바 가 아 다 카
방 메 리 사 아 파 라 타 바
나 랑 지 하 카 리 키 마 지
사 다 메 미 라 커 리 작 사
매 바 사 탕 자 메 라 지 방
아 나 사 랑 우 이 우 주 아
바 방 나 카 사 여 리 피 파
지 케 메 자 탕 타 아 바 오
다 사 바 사 리 팅 라 자 탕

시력 운동 3

● 나라 이름을 찾을 수 있는 만큼 찾아보세요.

카	메	룬	니	샤	체	싱	가	포	르
타	프	랑	스	제	노	코	나	봉	온
르	알	제	리	마	레	완	다	렘	드
쿠	바	스	위	스	웨	덴	마	크	투
멕	니	키	루	페	이	집	트	비	ㄴ
시	아	마	다	인	란	탈	말	잠	ㅈ
코	니	태	미	도	헝	가	리	비	ㅇ
오	영	국	니	네	라	트	비	아	ㄹ
일	르	몽	카	시	모	수	말	오	ㅋ
랜	마	헨	골	아	우	로	로	만	커
드	티	예	티	로	간	체	코	남	니
튀	니	멘	캐	나	다	나	레	그	루

니	카	라	과	네	팔	라	스	타	인
페	루	테	덜	칠	레	타	바	하	마
바	말	란	통	바	파	나	마	논	보
란	드	가	논	독	일	키	프	로	스
이	스	라	엘	뉴	본	그	스	부	니
베	우	중	국	브	라	질	리	탄	아
료	러	르	캄	르	온	두	라	스	벨
아	독	시	과	나	토	핀	마	키	기
로	아	티	아	이	슬	랜	드	베	에
몰	요	필	시	리	아	폴	피	즈	콰
타	디	르	리	베	트	남	자	우	도
지	아	브	단	핀	불	가	리	아	르

5 정답

54쪽

55쪽

56~57쪽

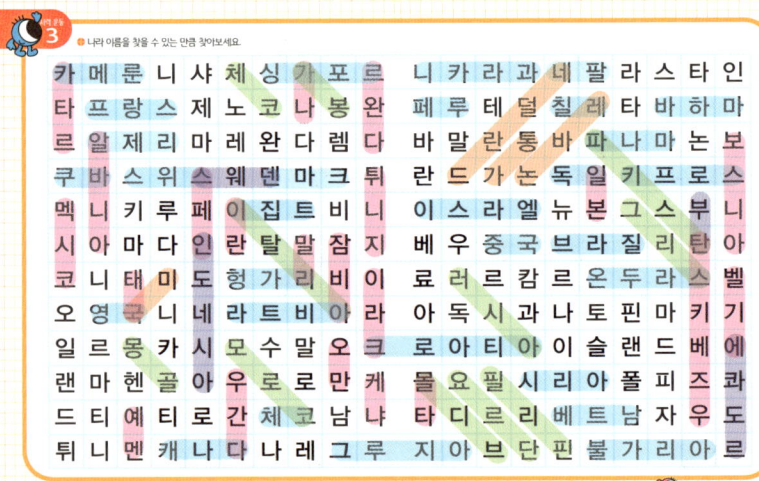

6 도형 찾기

비슷해 보이는 도형 속에서 똑같은 도형을 찾아내는 거예요. 비슷해 보이기 때문에 눈의 초점을 잘 맞추어서 비교해 보아야 하므로 수정체를 움직이는 근육 운동을 할 수 있어요. 이때 앞에서 했던 '낱말 찾기' 운동과 마찬가지로 도형을 보고, 확인하고, 같은 것을 찾아야 하는 인지 활동이 이루어지며, 시각적인 정보를 이용해 판단을 내려야 하지요. 시력 운동과 동시에 두뇌 운동을 함께할 수 있는 활동입니다.

시력 운동 방법

얼굴을 고정한 채 눈만 움직여서 같은 도형을 짝짓거나, 다른 도형을 찾으면 돼요. 그러니까 모양이 같은 도형을 두 개 찾거나, 모양이 다른 도형 하나를 찾는 거지요. 처음에는 그냥 찾아보고, 나중에는 15초 안에 찾아보세요.

보기 와 똑같은 도형 묶음을 찾아보세요.

● 모양과 배치, 순서가 모두 똑같은 묶음을 찾아보세요.

❶

❷

❸

❹

❺

❻

시력 운동 3

🟠 모양과 배치, 순서가 모두 똑같은 묶음을 찾아보세요.

❶　　　　　　　　❷

❸　　　　　　　　❹

❺　　　　　　　　❻

정답은 64쪽에

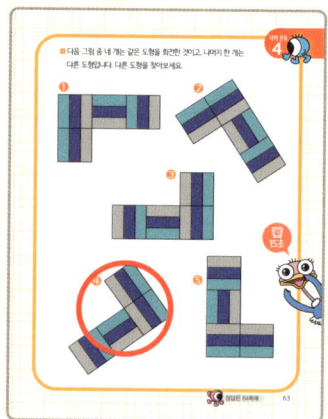

지정하는 것 찾기

　수많은 사물이나 이미지 속에서 지정되어 있는 것을 찾아보는 퍼즐 놀이 많이 해 봤지요? 이런 놀이는 여러 가지 모양과 색깔 등의 특징 중에서 찾고자 하는 하나의 특징을 기억해 두었다가 찾아내는 거예요. 우선 찾으려는 것을 기억해 두어야 하기 때문에 단기적으로 기억하는 뇌 부분을 활성화시켜요. 제시된 복잡한 그림 속에서 각각의 특징을 비교하며 같은 것을 찾는 것은 눈의 근육 운동이 되면서 뇌도 동시에 발달시키지요.

시력 운동 방법

얼굴을 고정한 채 눈만 움직여 여러 가지 그림 속에서 ▢ 안에 있는 것을 찾아보세요.

시력 운동 1

정답은 72쪽에

정답은 72쪽에

7 정답

66~67쪽

68~69쪽

70~71쪽

다른 그림 찾기

다른 곳을 빠르게 찾는 데는 요령이 있지요. 허리를 쫙 펴고, 목은 가능한 한 움직이지 않은 채 눈동자만 움직여서 그림을 살펴보는 거예요. 그래야 그림 전체를 볼 수 있고 그림에서 서로 다른 곳도 빨리 찾을 수 있어요. 또 눈의 근육을 움직여 시력 회복에 도움이 된답니다.

다음 장부터 두 개의 그림이 있어요. 두 그림에는 서로 다른 곳이 일곱 군데 있습니다. 다른 곳을 눈으로 찾아 보세요.

시력 운동 방법

왼쪽과 오른쪽 그림을 비교해 보면서 다른 곳을 찾아내요.
얼굴은 움직이지 말고 눈으로만 찾아보세요.

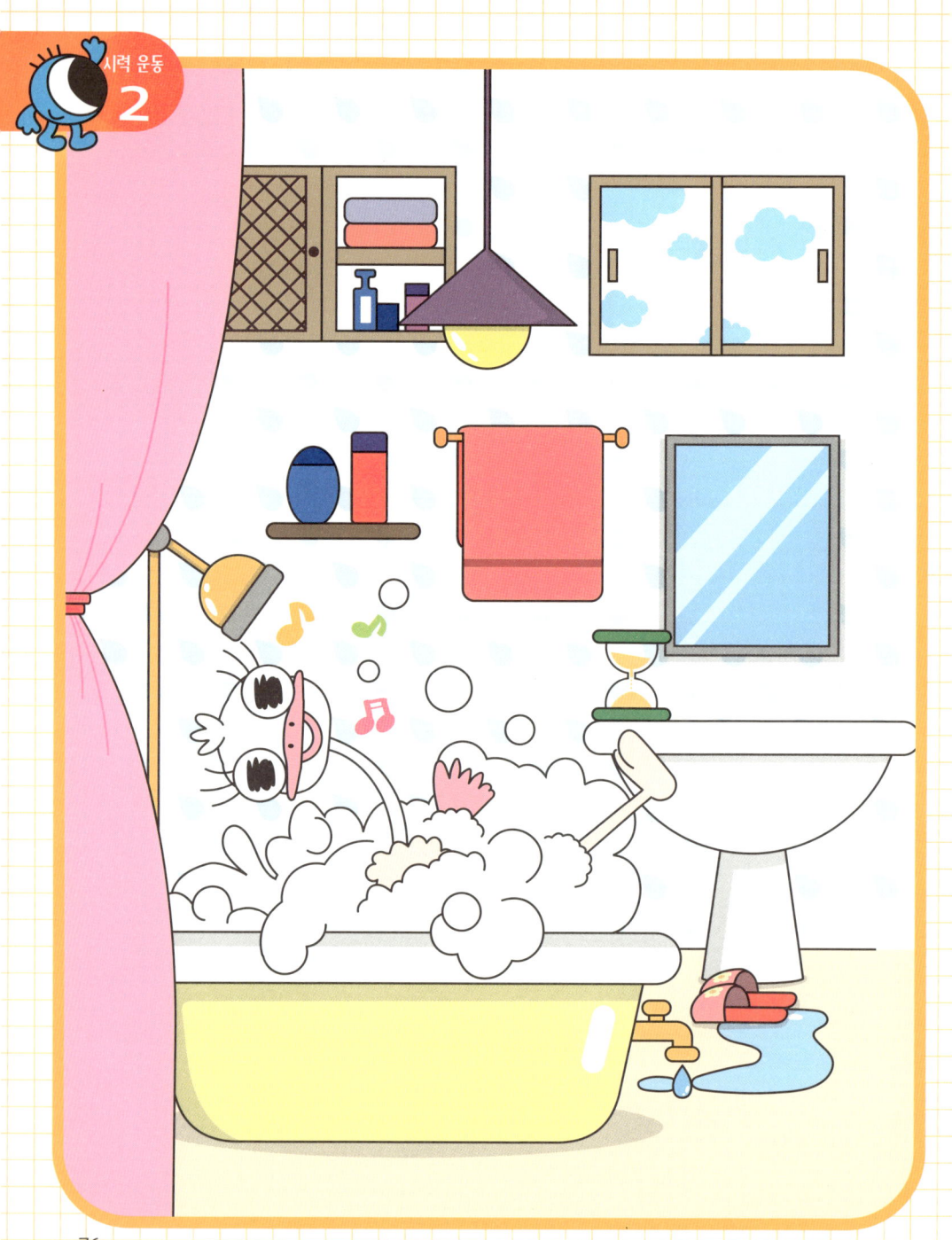

시력 운동 3

숙제 안한 학생
타루

떠든 학생
타미

3×1=3
3×2=6
3×3=9
3×4=12
3×5=15

3×6=18
3×7=21
3×8=24
3×9=27

8 정답

74~75쪽

76~77쪽

벽지 무늬

78~79쪽

9 조건에 맞는 것 찾기

　형태나 색깔, 상황이 조금 다르더라도 정해진 조건에 맞는 것을 찾는다는 것은 뛰어난 시력은 물론 예리한 관찰력이 필요한 일이에요. 그저 똑같은 것을 짝짓거나 지정한 것을 찾는 앞서의 시력 운동보다 두뇌 활동을 더 요구하지요. 또 세심하게 관찰하고, 조건을 기억해 둘 수 있는 능력도 있어야 하고요.

　시력이 좋다는 것은 그만큼 사물을 구별해서 인식을 잘한다는 것이고, 그것은 눈으로 보고 식별해 내는 두뇌 활동과 떼어 놓고 생각할 수 없답니다. 따라서 눈으로 본 사물을 잘 관찰하여 구별해 내는 능력을 키울 수 있는 운동은 좋은 시력을 보다 갈고 닦는 것이에요.

시력 운동 방법

과일을 든 타조를 찾아보세요. 조건에 맞다면 모두 골라내요.

시력 운동 1

눈물을 흘리고 있는 타조를 찾아보세요.

시력 운동 2

한쪽 눈만 감은 고양이를 찾아보세요.

✚ 컵을 들고 있는 고양이를 찾아보세요.

 정답

82~83쪽

84~85쪽

86~87쪽

10 숨어 있는 것 찾기

눈으로 보는 시각과 머리로 생각하는 지각이 서로 조화를 이루어야 잘 볼 수 있어요. 인체는 신체 각 부위가 조화를 이루어 살 수 있도록 되어 있고요. 단지 보는 능력, 즉 시력만 좋아서는 좋은 시력이라고 할 수 없지요. 최종적으로는 시지각이 잘 통합되어야만 해요.

이번에는 시지각의 통합 활동을 연습할 수 있어요. 우리의 뇌는 보이지 않는 것도 있다고 생각해서 보충을 해서 보인다고 믿게 만드는 능력이 있어요. 일종의 착시인데, 우리가 흔히 보는 영화도 착시를 활용한 거랍니다. 실제로는 연결된 화면이 아니지만 빠르게 돌려서 마치 연결되어 움직이는 걸 보고 있다고 느끼도록 하는 거지요.

시력 운동 방법

그림 속에 숨겨진 낱말이나 그림을 찾아서 어떤 낱말이나 그림인지 알아맞혀 보세요.

시력 운동 1

 시력 운동 3

 정답

90쪽  비행기

91쪽  판다

92~93쪽  놀이터

94~95쪽  학교 종이 땡땡땡

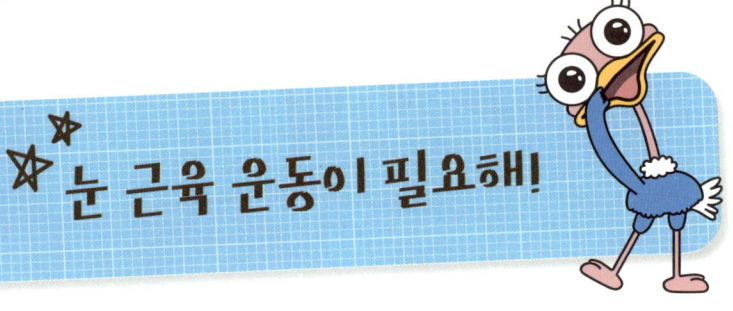

눈 근육 운동이 필요해!

휴대 전화, 태블릿 PC 등 가까운 곳의 작은 화면을 주로 봐서 수정체가 두꺼워진 요즘 아이들에게는 수정체를 정상적으로 되돌리는 눈 근육 운동이 필요해요.

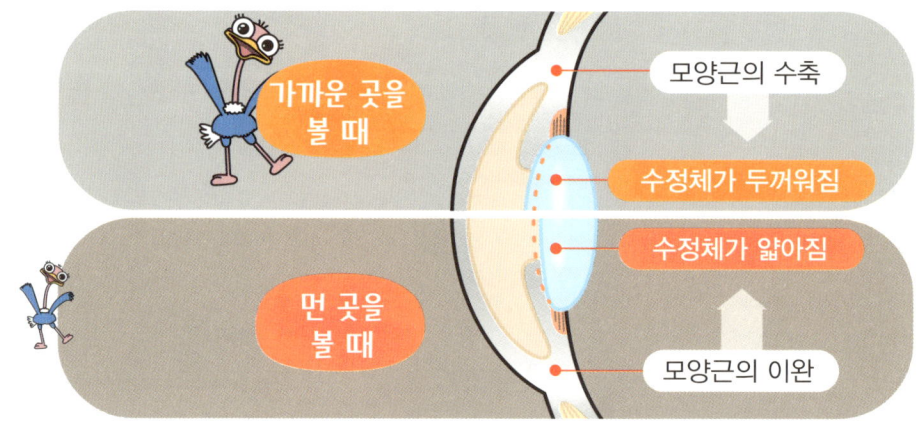

타조의 행동을 연구한 결과, 시력을 좌우하는 눈 근육을 튼튼하게 해서 수정체를 원래 상태로 회복시킬 수 있는 88 운동, 화살 운동, 십자 운동을 만들 수 있었습니다. 다음 장부터 이 세 가지 운동 방법을 알려 줄게요.

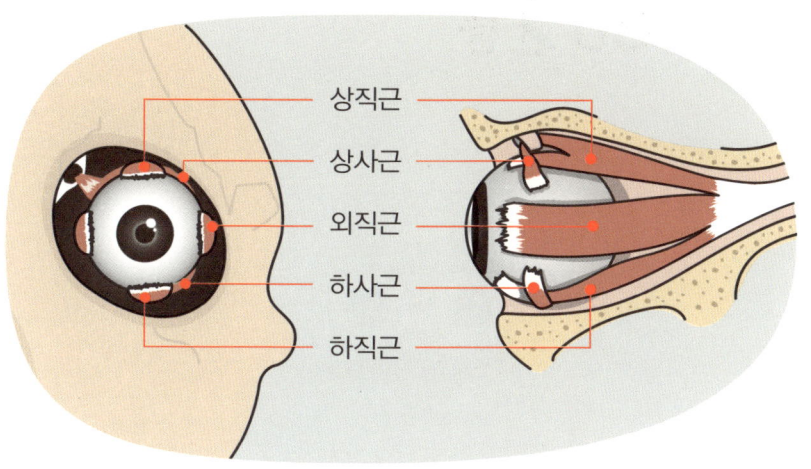

　세 가지 눈 근육 운동을 매일 시간을 정해 5분씩 반복해서 하면 그림의 여섯 개(안쪽의 내직근 포함) 근육이 단련되어 점차 시력이 좋아질 거예요.

　또 눈이 피로할 때 각막의 수분을 유지해 주는 운동으로 '눈 깜빡이기'와 눈 근처의 혈관에 피를 원활하게 흐르도록 해 눈에 산소 공급을 충분하게 해 주는 '눈과 콧등 사이 마사지'를 해 주면 눈의 피로 회복과 시력 저하를 막는 데 큰 도움이 될 거랍니다.

1 88 운동

숫자 8 모양으로 눈동자를 위아래, 오른쪽, 왼쪽으로 움직여 눈 근육을 튼튼하게 하는 운동이에요.

1 편안하게 정면을 바라봐요.

2 왼쪽에서 오른쪽으로 숫자 8 모양으로 눈동자를 움직여요.
이때 얼굴은 움직이지 말고 눈동자만 굴려야 해요.
이렇게 총 여덟 번 반복해요.

3 반대로 오른쪽에서 왼쪽으로 숫자 8 모양으로 눈동자를 움직여요.
여덟 번 반복해요.

4 위에서 아래로 숫자 8 모양을 그리며 눈동자를 움직여요. 여덟 번 반복해요.

5 아래에서 위로 숫자 8 모양을 그리며 눈동자를 움직여요. 마찬가지로 여덟 번 반복합니다.

6 마지막으로 30초 동안 눈을 감고 눈 근육을 풀어 주세요.

2 화살 운동

활 모양으로 눈을 움직인 후 화살을 쏘는 방향으로 시선을 고정해 근육을 단련하는 운동이에요.

1 편안하게 정면을 바라봐요.

2 왼쪽에서 오른쪽으로 두 봉우리가 있는 것 같은 화살 모양을 그리며 눈동자를 움직여 왔다 갔다 해요. 여덟 번 반복해요.

3 왼쪽에서 쏜 화살의 움직임을 따라가듯 시선을 오른쪽으로 향해요. 8초 동안 그대로 시선을 고정해요. 이때 눈은 깜빡여도 돼요.

4 이번에는 오른쪽에서 쏜 화살의 움직임을 따라가듯 시선을 왼쪽으로 향해요. 그대로 8초 동안 시선을 고정해요.

5 다음은 정면을 바라보다가 양쪽 눈의 초점을 화살 끝에 맞추면서 바깥쪽으로 시선을 움직여요. 여덟 번 반복해요.

6 마지막으로 30초 동안 눈을 감고 눈 근육을 풀어 주세요.

3 십자 운동

대각선으로 눈동자를 움직여 눈 근육을 강화하는 운동이에요.

1 편안하게 정면을 바라봐요.

2 왼쪽 위로 올려다봤다가 오른쪽 아래로 내려다봐요.
대각선으로 시선을 왔다 갔다 하는 거지요.
이렇게 여덟 번 반복해요.

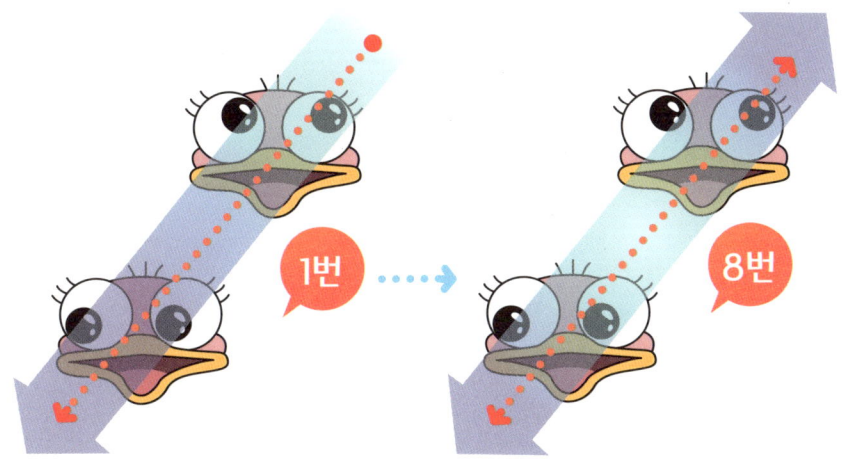

3 오른쪽 위로 올려다봤다가 왼쪽 아래로 내려다봐요.
아까와는 반대인 대각선으로 시선을 왔다 갔다 하는 거예요.
여덟 번 반복해요.

4 30초 동안 눈을 감고 눈 근육을 풀어 주세요.

4 눈 깜빡이기

눈을 깜빡깜빡 떴다 감았다 하는 일을 반복해서 눈 안쪽에 눈물을 고이게 하는 운동이에요. 운동 방법을 잘 따라 해 보세요.

1 편안하게 정면을 바라봐요.

2 최대한 빠르게 눈을 감았다 떴다 하는 것을 한 모둠으로 해서 서른 번 하세요. 깜빡깜빡!

3 30초 동안 눈을 감고 휴식해요.

5 눈과 콧등 사이 마사지

눈물샘과 신경을 자극해 눈물을 고이게 하고 눈의 피로를 줄이는 마사지예요.

1 편안하게 정면을 바라봐요.

2 눈과 코 사이를 손으로 8초 동안 지그시 눌러요. 이렇게 하면 눈물샘과 시신경을 자극하지요. 세 번 반복합니다.

3 눈물이 나올 수 있도록 눈을 꽉 감아요.